Hanna Müller, Hannah Stollmayer und Carla Swiderski
sind ein Autorinnentrio aus Hamburg. Wenn sie nicht gerade an Büchern schreiben, am Theater arbeiten oder an der Universität forschen, sitzen sie gerne zusammen in der Sonne und beobachten die umherfliegenden, hüpfenden und zwitschernden Vögel.

Nele Anders, in Otterndorf an der Nordseeküste geboren, studierte Illustration, Animation und Sequential Design. Als Kind hat sie viel Zeit in der Natur verbracht – ob im Wald oder in den Wiesen um Cuxhaven. Unsere heimischen Vögel und Tiere liegen ihr seitdem am Herzen.

1. Auflage 2019
© 2019 JUMBO Neue Medien & Verlag GmbH,
Henriettenstr. 42a, 20259 Hamburg
Alle Rechte vorbehalten

Text: Hanna Müller, Hannah Stollmayer, Carla Swiderski
Redaktion: Kathleen Freitag, Insa Schwartz
Vogelkundliche Beratung: Manuel Tacke
Illustrationen: Nele Anders • **Gestaltung:** Rebecca Meyer
Druck: Livonia Print, Ventspils 50, 1002 Riga, Lettland
ISBN: 978-3-8337-4000-8

Die Deutsche Bibliothek – CIP-Einheitsaufnahme
www.jumboverlag.de

Hanna Müller · Hannah St

Nennen wi
Piepi

Hanna Müller · Hannah Stollmayer · Carla Swiderski

Nennen wir dich doch Piepmatz

Ein Ausflug in die Welt der Vögel

Illustriert von Nele Anders

JUMBO

Heute ist Mittwoch. Mittwoch ist Einkaufstag bei Oma Anni und Opa Geerd. Diesmal ist Opa Geerd dran. Er fährt am liebsten mit seinem Skopper. So nennt er liebevoll sein neues Elektromobil. Da kann er die Einkäufe gut drauf verstauen und sich den Wind um die Nase wehen lassen. Außerdem kann er damit weitere Strecken zurücklegen als mit dem Fahrrad.

Opa Geerd legt seine Einkäufe in den Korb. Er freut sich schon auf den Tee mit Oma Anni. „Noch kurz zum Bäcker, ein paar leckere Kekse holen", denkt er und fährt los.
Plötzlich sieht er von oben etwas auf sich zukommen. In einer wackeligen Flugbahn nähert es sich ihm. Opa Geerd will ausweichen. „Scharf links?", denkt er. Doch da geht's den Bordstein runter. „Scharf rechts?" Da steht die große Eiche. Opa Geerd entscheidet sich für die Bremse und bleibt quietschend stehen.
„Oh nein!", denkt der kleine Vogel. Er kann leider nicht mehr ausweichen und prallt mit voller Wucht gegen Opa Geerds Kopf. Wumms!
Etwas Weiches fällt auf Opa Geerds Schoß. Er reibt sich die Stirn. Dann betrachtet er interessiert das Knäuel auf seinen Knien.

„Huch", ruft Opa Geerd. „Wo kommst du denn auf einmal her?"
Der kleine Vogel guckt ihn mit großen Augen an. „Aua, mein Kopf." Benommen versucht er seine Federn zu ordnen, die in alle Richtungen abstehen. „Wo bin ich? Was ist passiert?", wundert er sich.
„Geht's dir gut, du kleiner Piepmatz? Hast du dir weh getan?", fragt Opa Geerd besorgt.
Prüfend blickt der kleine Vogel an sich hinunter. Er bewegt die Füße, streckt die Flügel, dreht sein Köpfchen nach rechts und links. „Alles heil", piepst er.
„Wo willst du denn hin?", fragt Opa Geerd.
Der kleine Vogel legt den Kopf schief. „Ich weiß es nicht. Ich habe es vergessen."
„Na, wie heißt du? Weißt du das noch?", will Opa Geerd wissen.
„Nein", schluchzt der kleine Vogel. „Ich glaube, ich weiß gar nichts mehr."
Opa Geerd denkt nach. Dann lächelt er den kleinen Vogel an.
„Nennen wir dich doch Piepmatz", schlägt er vor.
Piepmatz nickt zaghaft und lächelt zurück.

„Haha, Piepmatz", schrillt es aus der Eiche. Piepmatz schreckt zusammen. „Was soll das denn für eine Vogelart sein?", fragt eine freche Stimme.
„Wieso Vogelart?" Schüchtern sieht Piepmatz sich um.
„Ja, weißt du denn nicht, was für ein Vogel du bist? Aber du weißt schon, dass du ein Vogel bist? Oder hältst du dich vielleicht am Ende für eine Katze? Miau." Piepmatz erschrickt. Sitzt etwa eine Katze im Baum? Doch da lugt ein schwarzweiß gesprenkelter Vogelkopf mit einem kräftigen Schnabel zwischen den Zweigen hervor.

„Na, ein Vogel bin ich schon", sagt Piepmatz und zuckt
unsicher mit den Flügeln. „Weißt du vielleicht was für einer?"
„Lass dich mal angucken." Die stechend blauen Augen blicken auf Piepmatz herab.
„Naja, ein Eichelhäher bist du nicht. Du hast nicht so schöne bunte Federn wie ich."
Opa Geerd und Piepmatz sehen den stattlichen Eichelhäher bewundernd an, der nun gut sichtbar auf einem Ast sitzt. Er hat ein rosabraunes Gefieder und schwarzweiße Flügel, die an den Seiten blau schillern. „Tiefschwarz wie meine Verwandten, die Raben, bist du aber auch nicht. Außerdem bist du viel kleiner als wir", stellt der Eichelhäher spöttisch fest.
„Wie kann ich denn herausfinden, zu welcher Vogelart ich gehöre?", fragt Piepmatz.

Rabenvögel

Der Eichelhäher gehört zur Familie der Rabenvögel. Die sind richtig schlau. Zum Beispiel werfen sie Nüsse auf die Straße und warten, bis ein Auto darüber fährt, um an die Kerne zu kommen. Rabenvögel sind sehr gesellig. Sie kümmern sich um kranke Artgenossen und pflegen Freundschaften. Aber sie merken sich auch, wer gemein zu ihnen war.

Saatkrähe
Kolkrabe
Rabenkrähe & Nebelkrähe
Elster
Dohle
Eichelhäher

„Also", räuspert sich der Eichelhäher, „einige Vögel sind groß, andere sind klein. Einige sind bunt, andere sind einfarbig. Einige Vögel fliegen im Winter in wärmere Gebiete, andere bleiben hier. Manche können schön singen, manche sind tolle Schwimmer und manche sind Flugartisten. Jede Vogelart hat ihre Besonderheit. Du musst einfach herausfinden, was deine ist."

„Gute Idee", meint Opa Geerd.

Auf einmal ist die Luft erfüllt von lauten *Räh-Räh-* und *Kroi-Kroi*-Rufen.

„*Räh*, da sind die anderen. Heute haben wir wieder Versammlung. Viel Glück bei deiner Suche und pass auf dich auf, Piepmatz!", krächzt der Eichelhäher und fliegt mit ein paar Flügelschlägen davon.

Opa Geerd und Piepmatz sehen dem lauten Vogelschwarm nach.

Dann blicken sie sich etwas ratlos an.

„Und nun?", überlegt Piepmatz.

„Tja, ich weiß auch nicht. Aber wenn du willst, kannst du erstmal bei mir auf dem Skopper mitfahren. Da treffen wir bestimmt einige Vögel und finden vielleicht auch mehr über dich heraus." Opa Geerd zwinkert Piepmatz zu. „Ich habe Oma Anni sowieso gesagt, dass ich nicht vor dem Nachmittagstee zu Hause sein werde, weil ich noch eine kleine Spazierfahrt machen möchte."

Piepmatz lächelt erleichtert und hüpft auf den Lenker. „Oh ja, los geht's!"

Opa Geerd fährt an der Eiche vorbei und weiter die Dorfstraße hinunter.
„Hm, wo fahren wir denn am besten zuerst hin?", überlegt er laut.
Piepmatz' Blick bleibt an einem hohen Mast hängen. „Was ist denn das?", ruft er.
„Na klar! Da müssen wir natürlich vorbei. Das ist unser Storchennest, gleich neben der Freiwilligen Feuerwehr", sagt Opa Geerd. „Oh, da ist ja Theda, unsere Ortsbrandmeisterin. Hallo Theda, Piepmatz und ich haben gerade gesehen, dass die Störche wieder da sind."
Theda bleibt stehen und wartet, bis Opa Geerd und Piepmatz bei ihr sind. „Das habt ihr beide ganz richtig gesehen. Die Störche haben sogar schon Eier gelegt. Sieben Stück, nicht schlecht. Jetzt ist gerade der Vater dran mit Brüten und die Mutter sucht sich was zu essen."
Opa Geerd nickt. „Störche. Als ich klein war, gab es richtig viele im Dorf. Einmal hatten wir 30 Paare in einem Jahr", erinnert er sich. „Aber dann wurden es immer weniger."
„Leider", sagt Theda. „Deswegen haben wir ihnen eine Nisthilfe aufgestellt. Dafür haben wir ein altes Wagenrad auf einem zehn Meter hohen Mast befestigt. Da können die Störche bequem ihr Nest drauf bauen, wenn sie erschöpft aus dem Winterquartier im Süden zurückkehren."

„Ist aber ganz schön hoch, da wird mir ja duselig." Piepmatz ist froh, sicher bei Opa Geerd auf der Schulter zu sitzen.

„Na, ein Storch bist du dann wohl nicht", lacht Opa Geerd.

„Den Störchen kann es gar nicht hoch genug sein", erklärt Theda und zeigt über die Feuerwache hinweg. „Sie brauchen viel Platz für ihren Landeanflug, außerdem können sie von oben ihre Beute gut sehen. Störche fressen gerne Mäuse und Frösche. Und sie sind sicher vor Mardern und anderen Nesträubern. Wenn sich doch mal einer nähert, dann klappert der Storch laut mit seinem langen Schnabel. Deswegen wird er auch Klapperstorch genannt."

Klapp-klapp-klapp-klapp-klapp-klapp, hallt es über den Hof. Piepmatz sieht, wie der Storchenvater den langen Hals so weit nach hinten gebogen hat, dass der Kopf auf seinem Rücken liegt. Dabei streckt er den Schnabel in die Höhe und schlägt die beiden Schnabelhälften schnell aufeinander.

„Ha, funktioniert ja wie auf Knopfdruck!", freut sich Theda. „Aber keine Sorge, er klappert auch, um sich zu verständigen. Jetzt ruft Meister Adebar wahrscheinlich seine Frau, damit sie ihn mal beim Brüten ablöst."

Piepmatz legt den Kopf in den Nacken und macht seinen Schnabel weit auf und zu.

„*Ppapp-ppapp-ppapp*. So?", fragt Piepmatz.

„Das war schon ganz gut, nur ist es bei Störchen viel lauter", schmunzelt Theda.

Aufgeregt kommt ein Feuerwehrmann auf sie zugelaufen.

„Was ist denn, Jens?"

„Theda, steig ein! Wir haben einen Einsatz! Paul sitzt schon wieder im Baum fest", ruft er und ist schon beim Feuerwehrauto. Ehe Piepmatz und Opa Geerd sich versehen, ist Theda im Wagen verschwunden und davongebraust.

„Lass uns mal zur Streuobstwiese düsen", sagt Opa Geerd. „Dort sind immer viele Vögel. Vielleicht finden wir da heraus, was du für einer bist."

Schon von Weitem hören Piepmatz und Opa Geerd aufgeregtes Gezwitscher. Die ganze Wiese scheint zu leben. Überall turnen junge Meisen herum. Sie klettern in den Ästen, jagen sich spielerisch und rangeln in der Luft. Einige treiben es dabei so wild, dass sie ineinander verknotet auf den Boden fallen. Ein einziges Gewimmel!
„Juchhu, ich habe hier ganz viele Blattläuse entdeckt. Lecker!", ruft die Blaumeise, während die Kohlmeise kopfüber an einem Ast hängt und einer Ameise auflauert.
„Ruhe!" Die Sumpfmeise reckt ihr schwarz glänzendes Köpfchen in die Höhe und versucht, Ordnung in den unübersichtlichen Haufen zu bringen. „Wir haben Besuch."
Neugierig versammelt sich die Meisenschule auf einem Apfelbaumzweig und blickt auf Opa Geerd und Piepmatz hinunter.

„Hallo", sagt Opa Geerd. „Piepmatz und ich hatten einen kleinen Unfall. Jetzt ist er ein bisschen durcheinander und hat vergessen, wer er ist. Vielleicht habt ihr eine Idee, was für ein Vogel er sein könnte?"
„Hast du einen blauen Fleck auf dem Kopf? Blaumeisen haben immer einen blauen Fleck auf dem Kopf."
„Kohlmeisen sind die größten von allen und wir können am besten fliegen. Wir haben keinen blauen, sondern einen schwarzen Fleck auf dem Kopf."
„Kannst du klettern? Wir Weidenmeisen können super klettern. Wir kommen an Essen heran, an das andere Vögel nicht rankommen" sagt die Weidenmeise.
„Ich bin eine Schwanzmeise. Ich kann am allerbesten klettern. Ich kann mich nämlich mit einem Fuß festhalten und mit dem anderen weiterhangeln", mischt sich ein kleiner schwarzweißer Vogel mit einem besonders langen Schwanz ein. Wie zum Beweis führt er sein Können vor.
„Das sieht ja witzig aus", unterbricht die Blaumeise die Vorführung. „Als ob ein Kaffeelöffel am Baum herumturnen würde. Ein winziger Körper mit so einem langen Schwanz."
„Warum müssen Blaumeisen immer so frech sein?", nörgelt die Schwanzmeise.
„Komm bloß her, du!" Rauflustig richtet sich die Blaumeise auf.
„Jetzt streitet euch nicht", geht die Sumpfmeise dazwischen.

Opa Geerd und Piepmatz schwirren die Köpfe. Beeindruckt beobachten sie die flinken Meisen, die wie kleine Artisten durch den Baum turnen.
Nun wagt auch Piepmatz einen Kletterversuch. Er springt auf einen dünnen Zweig, der bedrohlich wippt, als er darauf landet. Piepmatz krallt sich entschlossen daran fest. Das geht schon mal ganz gut.
„Los", rufen die Meisen. „Kopfüber!"
„Ja?", fragt Piepmatz unsicher. Ganz vorsichtig lässt er sich nach hinten kippen. Fast scheint es gut zu gehen. Doch da merkt Piepmatz, dass er sich nicht halten kann. Seine kleinen Krallen können den Zweig nicht fest genug umklammern. Beinahe wäre er heute zum zweiten Mal gestürzt, wenn Opa Geerd nicht blitzschnell seine Hand ausgestreckt und ihn gerade noch rechtzeitig aufgefangen hätte. Die Meisen zwitschern wild durcheinander.

Füße von Vögeln

Meisen können auch auf sehr dünnen Zweigen sitzen, die für viele andere Vögel zu wackelig sind. Dabei helfen ihnen vor allem ihre Füße, bei denen drei Zehen nach vorne zeigen und eine nach hinten. So können sie wie mit einer Zange um die Äste herumgreifen. Alle Vögel haben an ihren Lebensraum angepasste Füße.

Sitzfuß einer Meise

Kletterfuß eines Buntspechts

Lauffuß eines Huhns

Standfuß eines Weißstorchs

Schwimmfuß einer Stockente

Greiffuß eines Turmfalken

„Das ist ja nicht zum Aushalten! Dieser Tumult den ganzen Tag. Meine Frau und ich würden hier gerne in Ruhe ein paar Raupen für unsere Jungen jagen." Auf dem Boden der Streuobstwiese hüpft ein Buchfinkenpärchen umher. Das Männchen hat wütend die Kopffedern aufgestellt. „Die fünf sind gerade erst geschlüpft und machen schon genug Radau. Da ist es doch nicht zu viel verlangt, wenn wir hier ungestört nach Futter suchen wollen", schimpft der Buchfinkenmann weiter. Er plustert die rosarote Brust auf und legt seinen blaugrauen Kopf schief.

„Ihr müsst entschuldigen", trällert die Buchfinkenfrau. „Mein Mann ist etwas gereizt. Wir kommen zur Zeit kaum zur Ruhe. Außerdem ist er aufgeregt, schließlich darf er seinen Söhnen bald das Singen beibringen."

Piepmatz sieht die Buchfinkenfrau interessiert an. Sie ist etwas zierlicher und ihr Gefieder ist weniger bunt, es schimmert eher beigegrünlich. Anscheinend sehen Vogelmännchen und Vogelweibchen nicht immer gleich aus.

„Raupen?"
„Wo sind Raupen?"
„Wir wollen auch Raupen!", rufen die Meisen und springen
laut zwitschernd zwischen den Buchfinken umher.

„Hell flötet sie und klettert munter
Am Strauch kopfüber und kopfunter
Das härt'ste Korn verschmäht sie nicht,
Sie hämmert, bis die Schale bricht."

Zwinkernd sieht Opa Geerd zu Piepmatz. „Das ist ein Gedicht von
Wilhelm Busch über Meisen. Aber hier kommen wir wohl nicht weiter."
Die beiden setzen sich wieder in Bewegung und fahren am Gartenzaun
entlang. Ein Zaunkönig kommt aus der Hecke geschnellt. Er ist viel kleiner
als Piepmatz, auch wenn er schon ausgewachsen ist. Fröhlich schmettert
er ein Lied, das die beiden auf ihrem Weg begleitet.

„Stopp!", ruft Opa Geerd. Er bremst so scharf ab, dass Piepmatz fast vom Lenker fällt. In letzter Sekunde schnappt Opa Geerd ihn an der Schwanzspitze.
„Gewölle", raunt er Piepmatz zu.
„Ge-waaas?", fragt Piepmatz.
Opa Geerd legt den Finger an den Mund.
„Pst! Gewölle", flüstert er und zeigt vielsagend auf ein paar kleine graubraune Knäuel, die auf dem Boden liegen. „Als ich ein kleiner Junge war, haben wir gedacht, dass es hier in dem stillgelegten Glockenturm spukt. Nachts kreisten fliegende Schatten um den Turm. Dazu hörten wir so ein unheimliches Kreischen." Piepmatz hält gespannt den Atem an. „Und dann haben wir diese merkwürdigen Knäuel gefunden mit Knochen und Federn drin. Das war der Beweis. Hier mussten Gespenster leben, die kleine Tiere fressen."
„Richtige Gespenster?" Piepmatz gruselt sich ein bisschen.

Opa Geerd zwinkert ihm zu. „Unser Lehrer hat uns dann erklärt, dass in dem Turm keine Gespenster, sondern Eulen wohnen. Und die Knäuel heißen eigentlich Gewölle. Die Eulen fressen nämlich Mäuse und Frösche und sogar junge Kaninchen. Und was sie nicht verdauen können, spucken sie wieder aus. Sie jagen nur nachts und schlafen tagsüber. Deswegen haben wir sie nie richtig gesehen. Sie sollen wunderschön sein."
„Ohhhhh, echt?"
„Du kannst doch fliegen. Du könntest mal einen Blick auf sie werfen und mir dann erzählen, ob es stimmt", schlägt Opa Geerd vor.
„Ganz alleine?!" Piepmatz tritt nervös von einem Bein auf das andere und flattert versuchsweise mit den Flügeln.
„Das klappt doch schon ganz gut. Na los", lacht Opa Geerd aufmunternd.
Piepmatz nimmt seinen ganzen Mut zusammen. Er schließt die Augen und fliegt los. Als er die Augen wieder öffnet, ist er schon ziemlich weit oben. So hoch ist er bestimmt noch nie geflogen. Erleichtert und etwas schwankend lässt er sich auf dem kleinen Sims an der Turmspitze nieder.

Im Inneren des Turmes ist es stockdunkel. Piepmatz' Augen müssen sich erst daran gewöhnen. Als er den Luftzug spürt, ist es schon zu spät. Zwei Krallen packen ihn im Nacken und ein schriller Laut hallt durch den Turm.
Er spürt, wie die Krallen fester zugreifen und er den Boden unter den Füßen verliert.
„Nein! Tu mir nichts, tu mir bitte nichts!", stammelt Piepmatz. Er kneift vor Schreck die Augen zu. Doch dann spürt er, wie der Griff der Krallen sich wieder löst und er behutsam abgesetzt wird.
„Oh, entschuldige bitte", schnurrt eine sanfte Stimme. „Ich hab dich für einen Nesträuber gehalten. Aber du scheinst ja ein harmloses Kerlchen zu sein."
Erleichtert blickt Piepmatz sich um. Aus der Dunkelheit taucht ein helles rundes Gesicht mit freundlichen schwarzen Knopfaugen vor ihm auf.
Es ist von zartbraunen Federn umrahmt und sieht sehr schön aus.
„Bist du etwa doch ein Gespenst?", fragt Piepmatz zaghaft und spürt, wie sein Herz heftig in der Brust klopft.
Sein Gegenüber richtet sich auf. „Wie kommst du denn darauf? Nein, ich bin eine Eule. Eine Schleiereule, um genau zu sein. Komm, ich stelle dir meine Kinder vor."
Lautlos schwingt sie sich in die Luft und landet etwas weiter oben im Gebälk.

Verschlafen schauen fünf junge Schleiereulen zu Piepmatz.
„Was ist denn los?"
„Müssen wir schon aufstehen?"
„Aber die Sonne scheint doch noch!" Müde schließen sie wieder ihre Augen.
„Weißt du, für uns ist eigentlich gerade Schlafenszeit", erklärt die Mutter Piepmatz. „Den Tag über ruhen wir und in der Nacht werden wir munter. Außerdem sind die fünf erst vor wenigen Tagen geschlüpft und brauchen daher noch mehr Schlaf."
Piepmatz sieht die kleinen Eulen an. Mit ihrem zerrupften weißen Gefieder sehen sie nicht so schön aus wie ihre Mutter, aber sehr flauschig und nett. Gerne würde Piepmatz noch mit ihnen reden, doch sie sind schon wieder eingeschlafen. Also versucht er, so leise wie eine Eule zurück zum Fenster zu fliegen, hinaus aus dem Turm. Denn er will nicht länger stören.

Warum können Eulen lautlos fliegen? Wegen ihrer Flügel!

Eulen haben sehr weiche Flügel. Ein dichtes Polster auf der Flügeloberseite sorgt dafür, dass keine Reibungsgeräusche entstehen. Es wirkt ähnlich wie ein dicker Teppich, der die Geräusche verschluckt.
Die Vorderseiten der Flügel sind zackig wie bei einer Säge. Damit „zersägen" sie die Luft. Statt eines großen, kräftigen, gibt es viele kleine, schwache Luftströme.

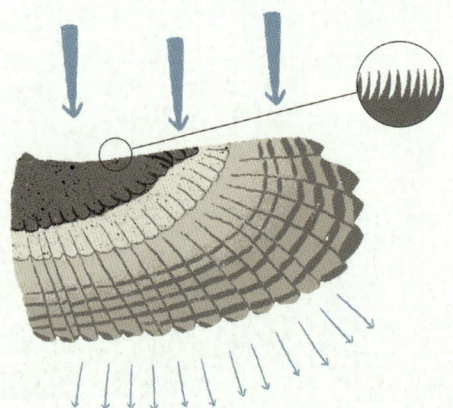

Außerdem fliegen Eulen ziemlich langsam, wodurch erst gar nicht so viel Luft in Bewegung gesetzt wird. Wie beim Wind ist es leiser, wenn sich die Luft langsam bewegt und lauter, wenn sie schnell an einem vorbeisaust.
Der geräuschlose Flug der Eulen ist immer noch nicht ganz erforscht. Aber er ist für die Wissenschaft sehr interessant, um zum Beispiel herauszufinden, wie man leisere Flugzeuge bauen kann.

Kurz darauf landet Piepmatz wieder sicher
bei Opa Geerd auf dem Skopper.
„Puh. Den ganzen Tag schlafen und nachts
wach sein, das könnte ich nicht. Ist mir auch
zu gruselig immer so im Dunkeln. Also,
eine Eule bin ich wohl auch nicht."
Opa Geerd schüttelt bestätigend
den Kopf. Dann fahren
sie weiter.

„Oh, guck mal. Das ist bestimmt die Frau vom Storch", ruft Piepmatz und zeigt auf einen Vogel, der reglos am Uferrand des Weihers steht. „Hallo Frau Storch! Frau Sto-o-orch!"
„Meinst du mich?", raunt der große, schlanke Vogel und sieht ihn mürrisch an. „Sei doch mal leise. Du vertreibst mir ja die ganzen Fische." Der Vogel steht still da und starrt nun wieder ganz konzentriert auf die Wasseroberfläche.
„Oh, das tut mir leid, Frau Storch. Das wusste ich nicht", entschuldigt sich Piepmatz.
„Ähem", stupst Opa Geerd Piepmatz an. „Ich glaube, den Vogel kenne ich.
Das ist gar nicht die Frau vom Storch."
Quack, quack, quack. Schnatternd und lärmend kommt
eine Gruppe Wasservögel angewatschelt.

„Oh nein, nicht auch noch ihr Enten. Macht doch nicht so viel Aufhebens. Das Wasser wird ganz unruhig und ich kann nichts mehr erkennen", zischt der große Vogel.
„*Quack, quack.* Na, stören wir dich dabei, wie du den ganzen Tag dein Spiegelbild im Wasser bewunderst?", fragen die Enten gut gelaunt.
„Ihr wisst genau, dass ich die Fische beobachte und nicht in den Spiegel gucke. Dabei bewege ich mich nicht, damit sie nicht merken, dass ich da bin. Wenn sie dann aus ihren Verstecken kommen, schnappe ich zu." Der große Vogel wirft den Enten einen grimmigen Blick zu. „Aber dazu seid ihr natürlich viel zu ungeduldig."
Wenig beeindruckt wenden sich die Enten ab und watscheln zu den unbekannten Besuchern.
„Wie kommst du denn darauf, dass das die Frau vom Storch ist?", fragt die erste Ente Piepmatz.
„Sie ist natürlich ein Graureiher. Sie ist ja auch ganz grau", wirft die zweite Ente ein.
„Außerdem hat sie gar keinen roten Schnabel und ist kleiner als ein Storch", pflichtet die dritte Ente bei.
Piepmatz wird verlegen. „Ja, aber viel kleiner ist sie nicht. Und sie hat auch so lange Beine und einen langen Hals. Außerdem dachte ich, dass Mann und Frau nicht genau gleich aussehen. Wie bei den Buchfinken. Und ihr unterscheidet euch doch auch voneinander."
„*Quack, quack.* Das ist aber nicht bei allen Vögeln so."
„Bei Störchen sehen sich Männchen und Weibchen sehr ähnlich."
„Bei Reihern auch", schnattern die Enten weiter.
„Ich gebe es auf. Bei dieser Unruhe fange ich hier heute keinen Fisch mehr. Vielleicht habe ich bei den Feldmäusen ja mehr Glück." Mit einem lauten *Chräik* hebt sich der Graureiher in die Luft und fliegt davon.

Geschlechterunterschiede

Bei vielen Vögeln sehen Männchen und Weibchen unterschiedlich aus. So sind zum Beispiel männliche und weibliche Entenküken nicht auseinanderzuhalten. Bei erwachsenen Stockenten ist das Gefieder dann aber verschieden gefärbt. Doch nicht bei allen ist es so offensichtlich. Männliche und weibliche Schwäne sehen auf den ersten Blick sehr ähnlich aus. Sie unterscheiden sich vor allem in der Größe.

Stockente
männlich und weiblich

Höckerschwan
männlich und weiblich

Piepmatz findet die Enten lustig und flattert näher zu ihnen hin.
„Meint ihr, ich könnte auch eine Ente sein?", fragt er neugierig.
„Na klar!"
„Wieso nicht?"
„Allerdings musst du dafür schwimmen können. Kannst du das?" Die drei Enten watscheln zurück zum Wasser. Sie gleiten mühelos hinein, tauchen unter und strecken ihre Schwänzchen in die Höhe.
Etwas ratlos bleibt Piepmatz am Ufer stehen.
„Los, komm!"
„Das Wasser ist herrlich."
„Na, komm schon!", laden die Enten ihn ein.
„Hmmm", murmelt Opa Geerd und betrachtet nachdenklich Piepmatz' kurze Beine mit den kleinen Krallen. Sie sehen ganz anders aus als die platten Füße der Enten mit ihren Schwimmhäuten. Die sind natürlich wie gemacht zum Paddeln. Ob Piepmatz das wohl auch kann? Opa Geerd räuspert sich. Doch da hat Piepmatz schon tief Luft geholt und ist mit Anlauf ins Wasser gesprungen. Es macht *platsch* und Piepmatz ist nicht mehr zu sehen.

Die Enten blicken sich verwundert an. Als Piepmatz nicht wieder hochkommt, tauchen sie ihm schnell hinterher. Mit ihren Schnäbeln rollen sie ihn zurück ans Ufer. Opa Geerd seufzt erleichtert und hebt Piepmatz behutsam hoch.
„Alles in Ordnung?", fragt die erste Ente besorgt.
„Na, das ist ja gerade noch einmal gut gegangen", quackt die zweite Ente.
„Ein Wasservogel bist du wohl nicht", stellt die dritte Ente fest.
Piepmatz guckt irritiert an sich herunter. Pitschnass liegt er in Opa Geerds Hand. Er schüttelt sich und sortiert seine Federn.
„Warum seid ihr denn gar nicht nass? An euch perlt das Wasser ja einfach ab."
Die Enten wackeln stolz mit ihren Schwänzchen.
„Ist doch klar wie Weiherwasser. Wir haben unser Gefieder eingefettet."
„Das Fett hält das Wasser ab und unsere Federn bleiben trocken."
„Damit sind wir sozusagen wasserdicht. Wir bleiben warm und gehen nicht unter."
Wie zum Beweis planschen die Enten vergnügt herum.
„Ganz schön praktisch", meint Opa Geerd. Gemeinsam mit Piepmatz winkt er den Enten zu und fährt los. In der warmen Maisonne und durch den lauen Fahrtwind ist Piepmatz im Nu wieder trocken.

„Ich habe eine gute Idee", sagt Opa Geerd. „Lass uns mal bei Bauer Egon vorbeischauen. Der kennt sich gut aus mit Tieren. Er hat viele Hühner und Gänse und sogar einen Pfau. Wenn uns einer weiterhelfen kann, dann er." Opa Geerd gibt Gas. Als sie beim Bauernhof ankommen, steht Egon schon mit seiner Teetasse in der Hand vor der Tür und lacht ihnen entgegen. „Hallo, Opa Geerd! Ich habe dich schon von Weitem kommen sehen. Was kann ich für dich tun?"
„Für mich heute nichts. Aber Piepmatz hier braucht deine Hilfe."
„Ach was, das gibt's ja nicht. Wo drückt denn der Schuh?"
Piepmatz guckt auf seine Füße. Dann blickt er fragend zurück zu Egon.
„Ich würde gerne wissen, was für eine Art Vogel ich bin."
„Dann lass uns doch mal zum Hühnerstall rübergehen. Mal sehen, ob wir da der Antwort näher kommen."

Egon läuft in großen Schritten über den Hof und ruft: „Vorsicht, es ist etwas nass hier. Ich habe vorhin den Gemüsegarten gewässert." In den Fußabdrücken, die er mit seinen großen Gummistiefeln hinterlässt, bilden sich kleine Pfützen. Ein kleiner Vogel mit einer leuchtend roten Brust kommt angeflogen und hüpft hinter Egon her, von einem Fußstapfen in den nächsten. Opa Geerd und Piepmatz beobachten das Schauspiel, bevor auch sie den Hof überqueren.
„Egon, wer ist denn dein treuer Begleiter?", fragt Opa Geerd.
Egon dreht sich überrascht um.

„Oh, ein Rotkehlchen in der Nähe des Hauses. Das bringt Glück und Frieden. Aber ich weiß natürlich, warum es da ist. Durch mein Getrampel habe ich die Krabbeltiere im Boden aufgescheucht. Die isst das Rotkehlchen besonders gern. Na, schmeckt's?"
Egon grinst den kleinen Vogel, der ihm dicht auf den Fersen ist, freundschaftlich an.
„Ein Angsthase scheint der Kleine nicht zu sein", stellt Opa Geerd fest.
„Stimmt", sagt Egon. „Scheu sind Rotkehlchen nicht. Und dumm auch nicht. Sie haben eine ganz besondere Methode, um sich zu säubern. Sie fangen Ameisen und ziehen sie durch ihr Gefieder. Vermutlich wirkt die Säure, die die Ameisen zur Abwehr ausstoßen, wie eine Art Shampoo. Einemsen heißt das."
„Hui!" Piepmatz staunt. Es kribbelt ihn am ganzen Körper bei der Vorstellung, dass ihm Ameisen durch die Federn krabbeln.

„So, da wären wir." Egon nimmt sich eine Schüssel voller Körner und verstreut sie vor dem Hühnerstall. Aus allen Ecken kommen flatternd und gackernd die Hühner gelaufen. Alle haben einen roten Kamm auf dem Kopf, rote Kehllappen am Hals und lange Schwanzfedern. Einige sind weiß, einige braun, einige schwarz mit weißen Sprenkeln. Bei den meisten sind die Beine nackt, andere haben Federn an den Beinen. Das sieht aus, als hätten sie Hosen an.
Die Hühner scharren aufgeregt mit ihren Krallen und machen sich glucksend über das Futter her.
„Achtung, da sind Steinchen dazwischen! Nicht runterschlucken!", warnt Piepmatz die Hühner.
„Umso besser. *Pick, pick, pick*. Die brauchen wir nämlich. Wir haben ja keine Zähne zum Kauen. Die kleinen Steine zermahlen die harten Körner in unserem Magen. Sie helfen uns bei der Verdauung", gacksen die Hühner im Chor.
„Dreck reinigt den Magen", sagt Opa Geerd.
Piepmatz hüpft zu Boden und betrachtet die Steinchen. Er sucht sich ein besonders kleines aus und pickt es vorsichtig auf. Geht ganz gut. Schmeckt nach nichts und ist bestimmt gesund für den Vogelmagen.
„Das sind übrigens nicht nur Steinchen. Egon mischt uns auch immer extra Kalk unter das Futter. *Pick, pick*. Das ist gut fürs Eierlegen", erklären die Hühner.

Vom Ei zum Huhn

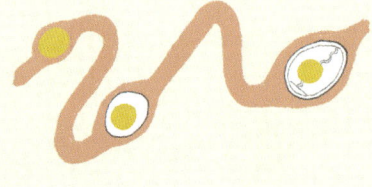

Eine Henne legt fast täglich ein Ei. Nur wenn der Samen eines Hahns in die Eizelle eingedrungen ist, kann sich darin auch ein Küken entwickeln. Doch schon im warmen Körper der Henne beginnen die allerersten Schritte der Entwicklung des Kükens.

Nach dem Legen kühlt das Ei ab und macht erstmal eine Pause. Wenn die Henne zehn bis zwölf Eier gelegt hat und das Nest voll ist, beginnt sie zu brüten. Jetzt werden die Eier wieder warm. Dadurch geht die Entwicklung des Kükens im Ei weiter. Hat die Henne 21 Tage gebrütet, schlüpfen aus den befruchteten Eiern die kleinen Küken.

Tag 3 — Tag 7 — Tag 12 — Tag 17 — Tag 21

„Legt ihr alle Eier?", fragt Piepmatz.
„Nein, nur die Hennen, also die weiblichen Hühner, legen Eier", schaltet sich Egon ein.
„Die Eierschale ist aus Kalk, deshalb müssen vor allem die Hennen Kalk essen.
Den Gockeln, also den Hähnen, schadet es aber auch nicht."
Inzwischen haben die Hühner alle Körner aufgepickt. Etwas ungelenk flattern sie auf ihre Sitzstangen im Hühnerstall, um sich auszuruhen. Egon kratzt sich am Kopf. „Bist du eigentlich ein guter Flieger, Piepmatz?"
Piepmatz guckt unsicher zu Opa Geerd.
„Klar ist Piepmatz ein guter Flieger", sagt Opa Geerd und nickt Piepmatz zu. „Zeig doch mal!"
Piepmatz richtet sich auf und atmet tief ein. Diesmal klappt es sofort und er fliegt über Egons und Opa Geerds Köpfe hinweg. Erleichtert zieht er einen großen Kreis über dem Hühnerstall und landet sicher wieder auf Opa Geerds Schulter. Mit Stolz geschwellter Brust blickt er Egon an.
„Na, so gut wie dich hab' ich jedenfalls noch
kein Hühnchen fliegen sehen", lacht Egon.

Da ertönt ein greller, ohrenbetäubend lauter Schrei. Piepmatz erstarrt. Einen Augenblick später biegt ein großer prächtiger Vogel um die Ecke des Hühnerstalls. Er hat ein blaugrün schillerndes Gefieder und trägt eine Krone auf dem Kopf.

„Vielleicht bin ich ja so einer", flüstert Piepmatz überwältigt.
„Das ist der alte Fritz", stellt Egon ihn nicht ohne Bewunderung vor. „Pfauen sind eigentlich keine einheimischen Vögel, auch wenn sie zu den Hühnervögeln gehören. Ursprünglich lebten sie nur rund um Indien. Aber sie kommen mit dem Klima hier sehr gut zurecht. Ich habe Fritz zu mir geholt, um Habichte abzuschrecken. Das sind Greifvögel, die aus der Luft angreifen und sich gerne mal ein Hühnerküken schnappen. Aber wenn man einen großen Vogel auf dem Hof hat, trauen sie sich nicht so nah heran."
In diesem Moment stellt Fritz seine Schwanzfedern auf und schlägt ein großes Rad. Hundert schillernde Augen sehen Piepmatz an. Dazu scheint Fritz zu tanzen. Er lässt das Rad zittern, so dass die Federn ein raschelndes Geräusch von sich geben, und macht dabei eine schnelle Abfolge von Schritten vor und zurück. Piepmatz ist sehr beeindruckt und wackelt verlegen mit seinen eigenen kurzen Schwanzfedern.
Egon schmunzelt. „Wollt ihr eigentlich Eier mitnehmen?"
„Von dem Pfau?", fragt Piepmatz entzückt.
„Die Pfaueneier sind ja größer als du, mein Kleiner. Aber stimmt, die kann man auch essen. Ich habe mal ein Pfauenei in den Kuchenteig geschlagen. Hat lecker geschmeckt. Die Nachbarn haben gar keinen Unterschied gemerkt."
„Die Nachbarn? Das sind doch wir", wundert sich Opa Geerd.

Kiebitzeier

Hühnereier

„Ja, genau", zwinkert Egon. „Hast du als Kind eigentlich noch Kiebitzeier gesammelt, Opa Geerd? Das war doch eine Delikatesse."
„Stimmt, da haben wir das noch gemacht", erinnert sich Opa Geerd.
„Heute sollte man keine Kiebitzeier mehr sammeln."
„Heute darf man es auch gar nicht mehr. Und das aus gutem Grund", bekräftigt Egon. „Die Kiebitze haben es ohnehin schon schwer genug. Durch die moderne Landwirtschaft mit den großen Treckern werden ihre Nester oft zerstört. Außerdem finden sie weniger zu fressen."
„Wieso denn das?", fragt Piepmatz, der Egon gebannt zuhört.
„Tja", meint Egon. „Das liegt zum Beispiel an den landwirtschaftlichen Riesenbetrieben, die ihre Felder extrem stark spritzen. Beim Spritzen werden chemische Pflanzenschutzmittel verteilt. Das schützt zwar die Ernte vor Krankheiten, davon sterben aber die Insekten. Dadurch fehlen sie den Kiebitzen und anderen Vögeln als Nahrung. Außerdem sind die Bienen, Hummeln und Schmetterlinge nicht mehr da, um die anderen Pflanzen zu bestäuben. Dann können keine neuen Pflanzen wachsen. Der Naturkreislauf gerät durcheinander."
„Wie kann man den Feldvögeln denn helfen?", fragt Piepmatz.
„Ich säe meinen Weizen nicht so dicht aus. So können die Kiebitze, Lerchen, Wachteln, Ammern und Rebhühner schön dazwischen herumlaufen. Und ich mähe lieber mit einem kleinen Trecker, nicht zu tief am Boden und auch nicht zu schnell. Dadurch haben nicht nur Vögel, sondern auch andere Tiere genug Zeit, um wegzulaufen. Rehkitze zum Beispiel verstecken sich gerne in den Feldern, zwischen den Halmen."
„Bei dir fühlen sich die Tiere bestimmt wohl", freut sich Piepmatz.
Auf dem Weg nach Hause kommen wir an Egons Feldern vorbei. „Schauen wir doch mal, wen wir da noch so treffen", sagt Opa Geerd. „Tschüs Egon, und danke für die Eier!"

Ententei

Kräheneier

Eier der Lachmöwe

Essbare Vogeleier

Viele Vogeleier kann man essen. In Deutschland isst man heute vor allem Hühnereier. Manchmal werden auch Wachteleier oder Enteneier angeboten. Andere, wie zum Beispiel Kiebitzeier, sind von der Speisekarte verschwunden, um die bedrohten Vogelarten zu schützen.

„Jaja", murmelt Opa Geerd, während sie in Richtung Felder brausen. „Als ich klein war, gab es viel mehr Vögel und natürlich auch Insekten. Es zwitscherte und tirilierte und brummte und summte und surrte den ganzen Tag. Richtig lebendig war es überall.
Da fällt mir ein Lied ein, das wir früher auf dem Schulweg gesungen haben ...
Ein Vogel wollte Hochzeit machen in dem grünen Wa-a-lde ..."
„Fideral-la-la, fideral-la-la, fideral-la-la-la-la", flötet es.
„Huch, kennst du das Lied, Piepmatz?"
„Ich? Nein", sagt Piepmatz überrascht.
„Ich? Nein", spottet es.
„Wer war das?", fragt Opa Geerd.
„Wer war das?", schmettert es zurück. Es raschelt und wie der Blitz flitzt ein braunbeiger Vogel mit einem verwegenen Federkamm auf dem Kopf aus dem Feld. Er rennt mühelos am Skopper vorbei und vor Piepmatz und Opa Geerd her.

Leipziger Lerchen

Früher wurden Lerchen in Deutschland gerne gegessen. Seit 1873 ist das verboten, um den Bestand der Lerchen zu schützen. In Erinnerung an das einstige Lieblingsgericht haben Bäcker die „Leipziger Lerchen" erfunden. Das sind kleine Mürbeteigküchlein mit Marzipanfüllung.

Für 12 Leipziger Lerchen

Mürbeteig:
250 g Mehl
100 g Butter
65 g Zucker
3 Eigelb
1 Prise Salz

Füllung:
125 weiche Butter
150 g Puderzucker
100 g gemahlene Mandeln
80 g Mehl
3 Eiweiß
6 Teelöffel Aprikosenkonfitüre

Zutaten für den Mürbeteig verkneten. Gebutterte Förmchen damit auskleiden. Die Böden mit etwas Konfitüre bestreichen. Steifgeschlagenes Eiweiß unter die restlichen Zutaten der Füllung heben. Die Füllung in die Förmchen geben. Oben drauf ein Kreuz aus Mürbeteig legen.
20-30 Minuten bei 180° Grad goldbraun backen.

„Hui, du bist aber schnell zu Fuß", ruft Piepmatz.
„Das will ich meinen. Wir Feldlerchen sind richtig gute Läufer." Die Lerche rennt im Kreis um den fahrenden Skopper herum. „Aber nicht nur das. Guckt mal, wie ich fliegen kann!" Mit diesen Worten schwingt sich die Lerche in die Luft. Singend und jubilierend schraubt sie sich in die Höhe. Als sie hoch oben ist, hört sie plötzlich auf, mit den Flügeln zu schlagen. Piepmatz stockt der Atem, als die Lerche wie ein Stein zu Boden fällt. Aber kurz über dem Boden breitet sie die Flügel wieder aus und schwingt sich zurück in die Höhe. *Düdidriä!*
Das Schauspiel wiederholt sich einige Male, bis die Lerche schließlich ganz aus der Puste bei Piepmatz und Opa Geerd auf dem Skopper landet. „Das war garantiert mein neuer Rekord", keucht sie zufrieden.
„Toll! Du bist ja ein echter Akrobat, ein Akrobat der Lüfte", ruft Piepmatz begeistert.
„Ich kann zwar besser fliegen als die Hühner, aber so gut wie du bin ich lange nicht."

Die Lerche hüpft stolz vom Skopper und rennt übermütig am Rand des Feldweges entlang. Im Laufen dreht sie sich zu Piepmatz um. „Versuch es doch auch mal", trällert sie und beginnt, Luftsprünge zu machen.

„*Kirrik, kirrik!* Aufpassen, Lerchi! Nicht schon wieder", gackert es vom Feldrand. Aber da ist es schon zu spät. Die Lerche prallt in ein warmes, weiches Gefieder. Etwas benommen richtet sie sich wieder auf.

„Oh, entschuldige bitte, Frau Rebhuhn. Ich habe dich nicht gesehen. Du bist einfach eine echte Tarnungskünstlerin!"

„Das sagst du immer, Lerchi. Tja, zum Glück sitze ich ja auf den Eiern drauf und ihnen ist nichts passiert. Was soll man mit dir nur machen?", fragt das Rebhuhn zwinkernd. Ihr Gesicht hat eine hübsche orangebraune Färbung. Der Hals ist grau und auf dem Bauch trägt sie einen auffälligen schwarzbraunen Fleck in Hufeisenform. Aufmunternd streicht das Rebhuhn der Lerche mit ihrem braun und beige gefleckten Flügel über den Kopf. „Husch, husch, nun lass mich mal in Ruhe weiterbrüten." Das Rebhuhn macht es sich wieder auf den Eiern bequem und steckt den Kopf unter den Flügel. Die Lerche saust Richtung Feld und verschwindet zwischen den Getreidehalmen.

„Na, dann wollen wir auch nicht länger stören", flüstert Opa Geerd Piepmatz zu und sie setzen sich in Bewegung.

Kiwitt, kiwitt tönt es von weit oben.
„Da sind ja Kiebitze", freut sich Opa Geerd.
Er zeigt auf zwei Vögel, die mit lockeren, gemächlichen Flügelschlägen über das Feld ziehen. Piepmatz sieht ihre weißen Bäuche und schwarzweißen Flügelunterseiten im warmen Nachmittagslicht blitzen.

Geblendet von der Sonne blickt Piepmatz zu Boden. Dort entdeckt er einen komischen Vogel, der mit dem Schnabel in der Erde immer wieder um sich selbst kreist.
„Was machst du denn da?", fragt Piepmatz.
Der Vogel erstarrt vor Schreck und es entfährt ihm ein stinkender Spritzer.
„Huch! Pardon, Verzeihung. Haben Sie mich aber erschreckt. Da ist mir wohl ein kleines Malheur passiert. Wenn ich Angst habe, dann schießt meine Stinkdrüse eine kleine Warnung ab."
Piepmatz muss sich die Nasenlöcher auf seinem Schnabel zuhalten. Aber er ist ganz hingerissen von dem auffälligen Aussehen dieses Vogels. Mit der aufgestellten Federhaube auf dem Kopf und den schwarzweiß gebänderten Flügeln, dem langen, dünnen, geschwungenen Schnabel und dem leuchtend hellorangenen Körper ist er unverwechselbar. Piepmatz kann den Blick gar nicht von ihm abwenden.

„Wie schön. Einen Stinkvogel habe ich ja seit Jahren, nein, Jahrzehnten
nicht mehr gesehen", platzt Opa Geerd heraus.
„Wie bitte? Mon dieu! Also, die Bezeichnung Stinkvogel verbitte ich mir.
Ich bevorzuge Wiedehopf. Normalerweise bin ich sehr reinlich und nehme
allmorgendlich ein ausgedehntes Sandbad. *Hup, hup, hup.* Und um auf Ihre Frage
zu antworten, ich habe Grillen gesucht. Meine Leibspeise. Dafür grabe ich mich
mit meinem Schnabel in die Erde, denn Grillen sitzen gerne im lockeren Boden.
Um das Loch zu erweitern, drehe ich mich dabei einige Male im Kreis."
Piepmatz hüpft zu dem Wiedehopf auf den Boden. „Das hört sich lustig an.
Das möchte ich auch mal machen."
Voller Begeisterung steckt er sein Schnäbelchen in die Erde und dreht sich wild
herum. Aber schon nach zwei Runden kippt Piepmatz um. Verwundert schüttelt
er sich den Sand aus dem Gefieder. Vor ihm ist eine kleine Mulde zu sehen. Aber
ein Loch hat er nicht gebohrt.

„Das ist ja wie Karussell fahren", kichert Piepmatz. „Nur Grillen finde ich so nicht. Ich glaube, dafür ist mein Schnabel zu kurz."
„Junger Freund, damit sind Sie nicht alleine. Ich habe auch noch keine gefunden. Darum werde ich mich jetzt auch wieder der Nahrungssuche widmen müssen. Aber es war mir eine außerordentliche Freude, mit Ihnen beiden zu plaudern. Es ist hier manchmal doch recht einsam. Kein anderer Wiedehopf weit und breit. Adieu und auf bald!"

Schnabelformen

Schnäbel kommen in ganz unterschiedlichen Formen vor. Je nachdem, was die Vögel gerne essen, ist der Schnabel daran angepasst, so dass sie gut an ihre Nahrung herankommen.

Wiedehopf   Stockente

Rotkehlchen   Schleiereule

Fichtenkreuzschnabel   Storch

Der Wiedehopf nickt Piepmatz und Opa Geerd zu, stellt seine Kopffedern auf und hebt sich mit einigen kräftigen Flügelschlägen in die Luft.
„Bis bald", sagt Piepmatz.
„Tschüs! Und komm gerne mal bei uns vorbei, wenn du Gesellschaft brauchst", ruft Opa Geerd dem Wiedehopf nach.
„*Der Wiedehopf, der Wiedehopf, der bringt der Braut 'nen Blumentopf. Fiderallala*", brummt Opa Geerd beschwingt, als sie dem Waldrand entgegenfahren.

Rüttelflug des Turmfalken

Der Rüttelflug ist eine Flugtechnik, die der Turmfalke bei der Jagd einsetzt. Dabei hält er seine Position in der Luft, indem er heftig mit den Flügeln schlägt und seinen Schwanz breit fächert. Sein Kopf bleibt ganz still. Auf diese Weise kann der Turmfalke aus der Höhe seine Beute genau beobachten. So in der Luft stehenzubleiben, ist sehr anstrengend, lohnt sich aber. Der Turmfalke ist ein erfolgreicher Jäger.

Plötzlich gleitet ein dunkler Schatten über die beiden. Opa Geerd verstummt. Er stoppt den Skopper und flüstert: „Piepmatz, mach jetzt keinen Mucks." Schnell greift er nach Oma Annis rotkariertem Stofftaschentuch, das immer im Einkaufskorb liegt, und breitet es über Piepmatz aus.
„Hey, so kann ich doch gar nichts mehr sehen!", beschwert sich Piepmatz.
„Eben, wenn du nichts siehst, dann sieht dich auch keiner", antwortet Opa Geerd.
„Häh? Warum soll mich denn keiner sehen?", wundert sich Piepmatz.
„Naja, vor allem soll dich einer nicht sehen. Da oben ist ein Greifvogel am Himmel. Der ist bestimmt auf der Suche nach Beute. Greifvögel essen auch kleine Vögel."
„Waaaaaasssss?", schallt es gedämpft unter dem Tuch hervor.
„Tja, so ist das eben. Aber unter dem Tuch bist du sicher. Mich greift er ganz bestimmt nicht an", versichert Opa Geerd.

Der Greifvogel dreht einen Kreis über Opa Geerd und Piepmatz. Dann fliegt er weiter in Richtung Feld. Auf einmal schlägt er schneller mit den Flügeln, zieht den Kopf und den Schwanz ein. Dabei bewegt er sich nicht vom Fleck. Es sieht aus, als bliebe er hoch oben in der Luft stehen.
„Oh, jetzt hat er wohl etwas erspäht", flüstert Opa Geerd gebannt.
Vor lauter Schreck bekommt Piepmatz Schluckauf. Bei jedem Hickser hüpft sein kleiner Körper unter dem Taschentuch in die Höhe.
„Keine Sorge, dich hat er nicht entdeckt", beruhigt ihn Opa Geerd. In diesem Moment schießt der Greifvogel pfeilschnell herab zu Boden, nur um sich wenige Sekunden später wieder hinaufzuschwingen. „Er hat tatsächlich etwas gefangen! Bestimmt eine Maus. Das kann ich von hier nicht genau erkennen."
Opa Geerd ist schon ein wenig beeindruckt.

„Einen Maulwurf hat er sich geschnappt", sagt da eine tiefe Stimme hinter ihnen. Opa Geerd zuckt zusammen und dreht sich um. „Ach, Hilde, du bist das! Hast du mich aber erschreckt. Als Försterin lernt man wohl, sich leise anzupirschen."
Hilde grinst. „Diesen Turmfalken beobachte ich schon länger. Er ist ein guter Jäger mit einem scharfen Blick. Ich schätze, dass er inzwischen stolze 37 Zentimeter groß ist. Das ist jetzt schon das dritte Jahr in Folge, in dem er hier in der Gegend ist. Im Winter hält er sich im Süden auf."
Interessiert lugt Piepmatz unter Oma Annis Taschentuch hervor.
„Hallo", begrüßt Hilde ihn.
„Kann ich rauskommen oder gibt es hier noch mehr von diesen Greifvögeln?", hickst Piepmatz nervös.
„Ein paar weitere gibt es schon noch: Habichte, Mäusebussarde, Rotmilane", zählt Hilde auf.
„Oha." Opa Geerd runzelt die Stirn. „Dann bleib mal lieber in Deckung, Piepmatz. Wir müssen ja noch durch den Wald. Dahinter steht Oma Annis und mein kleines Häuschen."

Mit entschlossenen Schritten stapft Hilde in den Wald hinein. Opa Geerd und Piepmatz fahren neben ihr her. Da ertönt ein hämmerndes Geräusch. *Tock-tock-tock-tock.*
Tock-tock-tock-tock, hallt es von der anderen Seite des Weges zurück.
„Oh nein", flüstert Piepmatz. „Sind das auch Greifvögel?"
„Nein, Buntspechte", sagt Hilde.
Piepmatz ist verwundert. „Die haben aber komische Stimmen."
„Das sind nicht ihre Stimmen", erklärt Hilde. „Buntspechte singen nicht. Sie trommeln mit ihren harten Schnäbeln auf Äste, an Baumstämme und auf alles, was gut klingt. So verständigen sie sich. Außerdem sind sie gute Handwerker. Sie hacken ganze Höhlen in die Stämme. In der schönsten brüten sie dann. Die anderen bleiben aber auch nicht lange leer. Da ziehen Meisen, Eichhörnchen, Fledermäuse und Bienen ein."
„Kriegen die Spechte keine Kopfschmerzen, wenn sie ständig trommeln?", fragt Piepmatz.
„Nein, keine Sorge. Ihre kräftigen Muskeln und eine biegsame Verbindung zwischen Schnabel und Schädel federn jeden Schlag ab. Sie haben sozusagen Stoßdämpfer."
Tock-tock-tock-tock, schallt es erneut durch den Wald.

Plötzlich mischt sich ein *Kuckuck-kuckuck* unter das Klopfen. Piepmatz horcht auf.
„Den kenne ich", bemerkt Opa Geerd stolz und hebt bedeutungsvoll die Hand. „Das ist ein Kuckuck."
„Er ruft seinen Namen? Das ist aber klug. Dann wird er ihn nie vergessen", sagt Piepmatz.
„Oft gehört und nie gesehen", scherzt Hilde. „Meist verrät nur sein Ruf, dass er in der Nähe ist. Zu Gesicht bekommt man den scheuen Vogel selten. Wenn ihr seinen Ruf hört, könnt ihr nach einem mittelgroßen grauen Vogel Ausschau halten, mit gestreiftem Bauch und stechend gelben Augen."
Langsam lichtet sich der Wald. Die Abendsonne blitzt durch die Baumkronen.

Inzwischen sind sie am Ende des Waldes angekommen.
„Seid mal ganz leise." Hilde legt den Finger an die Lippen. „Hört ihr diesen schönen Gesang? Das ist das Abendlied der Nachtigall." Damit verabschiedet sich Hilde und macht sich auf den Weg zu ihrem Hochsitz. Opa Geerd winkt ihr hinterher. Dann fährt er weiter den kleinen Feldweg entlang, der direkt zu Oma Annis und seinem Haus führt. Piepmatz fallen die Augen zu. Schläfrig lauscht er der zarten Melodie der Nachtigall.

Der zauberhafte Klang begleitet sie bis zum Gartentor.
Oma Anni steht schon wartend in der Haustür.
„Da bist du ja! Das war aber eine lange Spazierfahrt. Ich habe mir schon fast ein wenig Sorgen gemacht. Huch, was bewegt sich da? Was hast du unter dem Stofftaschentuch?" Oma Anni hebt das Taschentuch an. „Wo hast du denn den kleinen Piepmatz aufgelesen?" Verschlafen blinzelt Piepmatz Oma Anni an. „Du kennst ja meinen Namen", sagt er verwundert.

Oma Anni lächelt. „Hast du Hunger? Komm, wir gehen in die Küche und holen dir ein paar Sonnenblumenkerne." Sie streckt Piepmatz ihre Hand hin. Er hüpft hinein und piepst: „Oh ja! Ich habe bisher nur einen Stein gegessen."
Fragend blickt Oma Anni zu Opa Geerd.
Der zuckt mit den Schultern und sagt: „Mein Magen knurrt auch schon. Schließlich habe ich heute nur gefrühstückt."
„Na, dann mache ich uns schnell ein paar Bratkartoffeln. Du kannst ja schon mal einen Salat aus den Mairübchen machen."
Opa Geerd parkt den Skopper, schnappt sich den Einkaufskorb und sie gehen hinein ins Haus.

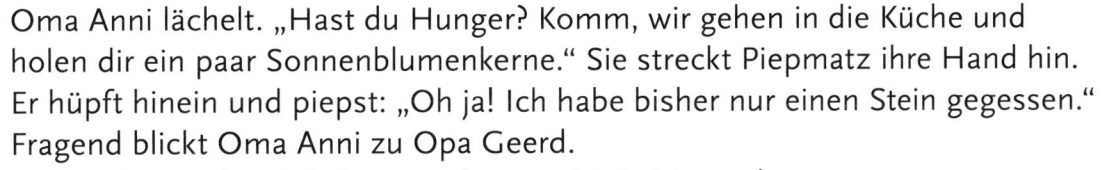

Beim Abendessen erzählen Piepmatz und Opa Geerd von ihrem kleinen Zusammenstoß und den gemeinsamen Abenteuern.
„Und?", fragt Oma Anni ganz gespannt. „Habt ihr herausgefunden, was du für ein Vogel bist, Piepmatz?"
„Nein, das haben wir nicht." Über die ganze Aufregung hatte Piepmatz fast vergessen, warum sie eigentlich unterwegs waren. Er sieht zu Opa Geerd.
„Tja, der Eichelhäher hat ja gesagt, wir sollen nach deiner Besonderheit suchen."
„Und was ist jetzt meine Besonderheit?"
Opa Geerd runzelt die Stirn und überlegt.
„Na, das ist doch klar wie Kloßbrühe", ruft Oma Anni aus. „Du traust dich viel und du bist neugierig. Du bist der mutigste kleine Vogel, dem ich je begegnet bin."
Piepmatz strahlt.
„Dann hat unsere Reise sich ja gelohnt. Du bist eben ein Mutvogel", findet Opa Geerd.
„Außerdem habe ich viele neue Freunde kennengelernt", stellt Piepmatz fröhlich fest.

Doch plötzlich wird er ganz traurig. Piepmatz lässt geknickt den Kopf hängen.
„Nanu? Was ist denn los?", fragt Opa Geerd besorgt.
„Na ja", schluchzt Piepmatz. „Es ist schon dunkel und es ist so schön bei euch.
Aber ich weiß ja gar nicht, wo ich jetzt schlafen soll." Piepmatz schnieft leise.
Opa Geerd und Oma Anni gucken sich über den Tisch hinweg an.
„Aber Piepmatz, du kannst doch bei uns bleiben", sagt Oma Anni bestimmt.
„Du kannst im Garten wohnen, solange du willst. Hier leben schon
ganz viele Vögel, da brauchst du dich nicht einsam zu fühlen."
Opa Geerd klatscht begeistert in die Hände. „Das wird prima. Heute kannst
du ja erstmal in der Küche schlafen. Und morgen?", überlegt er.
Oma Anni strahlt. „Morgen machen wir dir das alte
Vogelhäuschen wieder flott. Das hatte ich sowieso
vor. Was hältst du davon, Piepmatz?"
„Oh jaaa!", ruft Piepmatz. „Das gefällt mir."
Glücklich fliegt er zu Oma Anni und
stupst sie liebevoll mit seinem
Schnabel an. Dann hüpft er zu
Opa Geerd, kuschelt sich in
seine Hand und schläft
zufrieden ein.

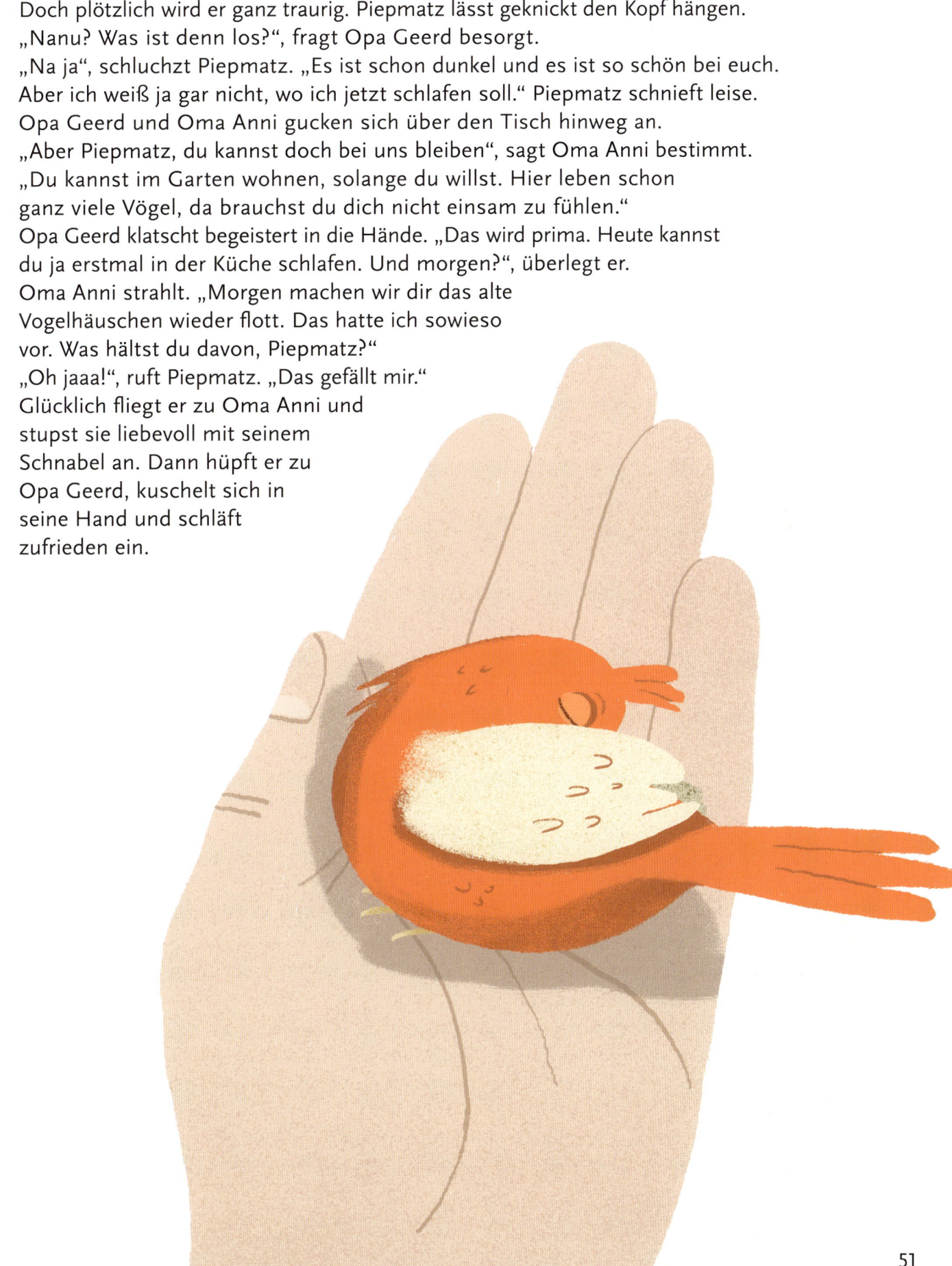